Räuchern

schlicht & einfach

Räuchern

schlicht & einfach

Energetische Hygiene
in Räumen
mit
Schritt für Schritt–Anleitung

Andrea Michaela Kiel ©

Bibliografische Information der Deutschen Nationalbibliothek: Die Deutsche National- bibliothek verzeichnet diese Publikation in der Deutschen Nationalbibliografie; detail- lierte bibliografische Daten sind im Internet über dnb.dnb.de abrufbar.

Gestaltung: Andrea Michaela Kiel
Coverbild: Fotografin Ines Blersch, Stuttgart
Fotos v. Seite 27, 77 & 81 Ines Blersch, Fo- tografin, Stuttgart
Bilder von Seite 21, 28 & 75 Pixabay.de
1. Auflage

Herstellung und Verlag:
BoD – Books on Demand, Norderstedt

ISBN: 978-3-7543-7265-4

Inhaltsverzeichnis

Vorwort

Aufgrund meiner Tätigkeit als Energietherapeutin, arbeite ich auf feinstofflicher Ebene. Ich analysiere bei hilfesuchenden Menschen, ob negative Energien vorhanden sind. Falls festgestellt wird, dass beeinflussende Energien vorhanden sind, werden diese entfernt und somit der eigene Energiefluss erlöst und ins fließen gebracht.

Um den Prozess der Energiebereinigung zu beschleunigen, empfehle ich, die Reinigung durch Räuchern in den eigenen Räumen ggf. auch den Büro- bzw. Geschäftsräumen durchzuführen, da dadurch der gesamte Prozess der Energiebereinigung beschleunigt wird und Sie sich anschließend in Ihren eigenen Räumen wieder wohlfühlen werden und Sie die positiven Energien genießen können um neue Kraft zu tanken.

Durch das Räuchern der eigenen Räume werden festsitzende Energien gelöst, entfernt und harmonisiert.

Ich wurde im Laufe der Zeit immer wieder gefragt, wie man eine Raumreinigung durch Räuchern am sinnvollsten durchführt. Man findet im Internet und auch in einschlägigen

Büchern viele Autoren, die nur nach bestimmten Kriterien räuchern und hierfür klare Anweisungen geben, die sich untereinander aber teilweise widersprechen. Dies ist verwirrend und verunsichert Menschen, die sich begeistert an eine Räucherung heranwagen wollen. Alleine die Tatsache, dass die unterschiedlichen Anleitungen oft vollkommen gegensätzliche Aussagen treffen, lässt vermuten, dass die besagten Regeln einfach nicht zwingend sein können. Es gibt die Aussagen, dass man beim Räuchern im Osten beginnen und dann im Uhrzeigersinn durch alle Räume gehen soll. Gleichzeitig findet man die Aussage, dass man gegen den Uhrzeigersinn durch alle Räume gehen soll. Auch gibt es Anleitungen mit der Anweisung im Westen oder Norden zu beginnen. Wie Sie sehen sind die Angaben, die über diverse Medien zu finden sind sehr unterschiedlich bzw. sogar gegensätzlich.

Dieses Wirrwarr kann einen unter Umständen so verunsichern, dass man das Räuchern von vornherein lässt.

Meiner Meinung nach gibt es nur einen einzigen Fehler, den Sie beim Räuchern von

Räumen begehen können – und das ist: Nicht zu räuchern!

Um die gegensätzlichen Angaben zu entwirren und es jedem Interessierten zu ermöglichen dieses wundervolle Instrument des Räucherns für sich zu entdecken und umzusetzen ist das vorliegende Buch entstanden. Es beinhaltet zudem eine variable Schritt für Schritt-Anleitung, die vereinfacht den Einstieg in die Räucherpraxis umsetzt. Selbstverständlich kann man auch jede andere Anleitung befolgen, aber es ist nicht notwendig sich an starre Anweisungen zu halten. Die Reinigung und Harmonisierung von Räumen durch eine Räucherung funktioniert immer!

Es geht einfach darum, dass Rauch die Fähigkeit hat auf energetischer Ebene belastende, störende und hindernde Energien zu binden und zu transformieren bzw. aufzulösen. Die in diesem Buch angegebene Schritt für Schritt-Anleitung, dient dem Anwender dazu, mehr Sicherheit im Umgang mit Räucherutensilien, die man für ein erfolgreiches Räuchern benötigt, zu erlangen. Die Anleitung ist schlicht gehalten und einfach umzusetzen und man sollte auf seine eigene Intuition hören und dieser folgen.

Jetzt wünsche ich Allen eine erfolgreiche Durchführung und Freude beim Räuchern Ihrer eigenen Räume. Sie werden sehen, es macht Sie glücklicher, zufriedener, freier und friedvoll. Ich selbst kann mir ein Leben ohne das regelmäßige Ausräuchern meiner Räume nicht vorstellen. Für mich gehört das regelmäßige Räuchern meiner Räume dazu wie die körperliche Hygiene, zumal durch meine Tätigkeit, wechselnde Personen ihre Energien bei mir zurücklassen, die ich bestimmt nicht haben will. Um diese Energien schnell zu wandeln, verwende ich nach jeder Sitzung in meiner Praxis das Schutzspray von A.Mi.K.A. Dadurch verhindere ich, dass sich diese Energien festsetzen. Zusätzlich werden meine Räume in kurzen regelmäßigen Abständen mit weißem Salbei und Weihrauch ausgeräuchert. Dadurch schaffe ich eine stets reine Raumenergie des Wohlfühlens.

Von Herzen wünsche ich jetzt Jedem, der das Räuchern für sich entdeckt und nutzt viel Vergnügen. Genießen Sie Ihr Ergebnis!

Was bezeichnet man als Räucherwerk?

Jegliches Material, das beim Verglühen gleichermaßen Rauch und Duftstoffe freisetzt, wird als Räucherwerk bezeichnet. Dabei kann es sich um Kräuter, Hölzer oder auch Harze handeln. Der Duft und die entsprechende Wirkung entstehen durch die ätherischen Öle. Räucherwerk gibt es als reine, getrocknete Materialien sowie auch unterschiedlichste Mischungen, Räucherstäbchen, Räucherkegel und noch spezielle Formen wie Räucherkugeln oder –schnüre und noch weitere.

Wirkung des Räucherns auf körperlicher Ebene

Bei einem Räuchervorgang werden spezielle Duftmoleküle freigesetzt, die durch das Einatmen in den Organismus gelangen. Über die Sinneszellen gelangen die Botschaften ins Gehirn und werden dort an die entsprechenden Bereiche des Nervensystems weitergeleitet. Es werden auch die Drüsen angesprochen, die für den Hormonhaushalt zuständig sind. Diese werden entsprechend stimuliert und beeinflusst. Somit entwickeln sich bestimmte Stimmungen und Gefühle, die den Menschen als Ganzes betreffen (Körper, Bewusstsein, Unterbewusstsein, Seele). In Räumen breiten sich die entsprechenden Duftmoleküle aus, dadurch entfaltet sich die Wirkung über die energetische Ebene und wirkt zugleich durch die Atemluft auf den Menschen ein.

Wirkung des Räucherns auf energetischer Ebene

Bedingt durch den Rauch, der durch entsprechende Materialien aufsteigt, verändern sich die energetischen Schwingungen in dem Bereich, in dem der Rauch verteilt wird. Schwere, belastende und negative Energien können von der leichten Energie des Rauches gebunden und durch das Lüften abtransportiert werden. Dabei bestimmen die ätherischen Öle der einzelnen Räucherwaren die Energiefrequenz des Rauches. Somit sind gezielte Materialien hervorragend geeignet um die störenden Energien aus Räumen zu entfernen (z.B. weißer Salbei) oder auch die Energien zu harmonisieren (z.b. Weihrauch). Andere wiederum sind geeigneter um den menschlichen Energiekörper zu beeinflussen und gewünschte Resultate zu erzielen, wie die Anbindung an die geistige Welt (z.b. Harz N°1). Es kursieren immer noch die Meinungen, dass das Räuchern von Harzen und Pflanzenteilen nur bestimmten Gruppen bzw. Personen vorbehalten ist. Dies ist Unsinn. Jeder Mensch auf diesem Planeten kann für sich Räucherungen nutzen und sollte dies auch tun. Leider wird das Verwenden von Räucherungen gerne abschätzend belächelt oder alternativdenkenden Menschen und/oder Gruppen zugesprochen.

Da jedoch seit Anbeginn unserer Zeit, sich dem Homo sapiens mit Entdeckung des Feuers, die Kräfte und Energien des Rauches erschlossen haben, wird dies in immer wiederkehrenden Epochen flächendeckend angewendet und das Wissen um die Kraft des Räucherns weitergegeben und verbreitet.

Der Ursprung des Räucherns

Die Entstehungsgeschichte trug sich wohl folgendermaßen oder in ähnlicher Form zu.

Als unsere Vorfahren, in Familienverbänden, noch in Höhlen lebten, geschah es wohl, dass in einer der Höhlen ein Mann und eine Frau in Streit gerieten. Es herrschten Unstimmigkeiten zwischen den Beiden und die Frau verließ wütend die Höhle. Voll angestauter Wut, um sich abzureagieren, lief sie eine weite Strecke und kam so in einen Wald. Mittlerweile empfand sie keine Wut mehr, sondern wollte nur wieder Frieden mit ihrem Partner. Ihr kam die Idee ihn mit einem Geschenk zu beschwichtigen und so sammelte sie Tränen der Bäume (Harz) um ihm diese zur Versöhnung zu überreichen. Aufgrund des Duftes der aromatischen Harzkugeln wusste sie instinktiv, dass man sie einfach so genießen konnte. Ihr Mann sollte an den Harzkugeln riechen oder sie kauen, oder einfach im Mund zergehen lassen. Da ihr Gefährte bei ihrer Rückkehr immer noch wütend war und sich auch mit ihren dargebotenen Geschenken nicht beschwichtigen ließ, schmiss sie die Tränen der Bäume resigniert ins Feuer, das in der Mitte der Höhle loderte. Da das Harz frisch war, entwickelte sich unglaublich starker, dichter Rauch und erfüllte die heimische Höhle. Die gesamte Sippe war gezwungen die Höhle zu verlassen. Außerhalb der Höhle verharrten sie abwartend bis der Rauch verzogen war. Jetzt betraten Alle wieder ihren angestammten Platz. Auch die beiden Zerstrittenen traten wieder ein. Sie schauten sich irritiert um, denn sie fühlten sich im Vergleich zu vorher viel wohliger und harmonischer. Der Streit wurde jetzt auch von dem Mann beiseitegeschoben und es herrschte wieder Frieden zwischen den Beiden.

Begeistert von der Wirkung der Baumtränen, beschlossen sie gemeinsam, künftig immer wenn Zwistigkeiten aufkamen, Harze ins Feuer zu werfen. Sie nutzten für sich die Wirkung des Rauches, um das heimische Umfeld in einen harmonischen und wohligen Ort zu verwandeln, wann immer es ihrer Meinung nach notwendig war.

Den ausgleichenden und beruhigenden Effekt auf die Menschen, spürten die Beiden nur, konnten dies aber zu diesem Zeitpunkt nicht verstehen und nahmen es daher einfach hin. Es war wie ein Wunder.

Die beiden Höhlenbewohner beschlossen fortan ihre Erfahrungen, die sie mit den Harzen gemacht hatten, auf unterschiedliche Pflanzenteile auszudehnen. Sie begriffen schnell, dass das gezielte, regelmäßige Räuchern von aromatischen Pflanzenteilen und vor allem von Harzen von Vorteil für sie war. Daraufhin gaben sie ihr erlangtes Wissen weiter, um anderen, die sich in ähnlichen Situationen, wie sie bei ihrem Streit, befanden, beizustehen. Das Überleben der Gruppen war oberstes Gebot und das Räuchern von Harzen und Pflanzenteilen, welches das Umfeld der Menschen auf wundersame Weise harmonisierte, wurde fester Bestandteil bei allen wissenden Familienverbänden.

Bedingt durch das Erlebnis der beiden Höhlenbewohner, wurde für die Zukunft festgelegt, dass Frauen dafür verantwortlich waren, Harze und Pflanzenteile zu sammeln. Es galt als wegweisendes Zeichen, dass es eine Frau war, die damit begann Harzkugeln ins Feuer zu werfen umso das energetische Räuchern zu entdecken.

So oder so ähnlich wird es sich zugetragen haben. Aber was vollkommen sicher ist und nicht geleugnet werden kann, ist, dass bereits seit der Möglichkeit der Aufzeichnung (Wand-malerei, Papyrus, Steinhauerei, Schnitzereien····.) von Räucherungen in verschiedensten Lebenslagen berichtet wird.

Allgemeines

Eine Räucherung unterliegt keinem Zwang! Gerne werden festgelegte Abläufe definiert, die jedoch nur zu Verunsicherungen führen. Da heißt es zum Beispiel: „Laufen Sie immer im Uhrzeigersinn!" oder auch: „Laufen Sie immer gegen den Uhrzeigersinn!". Dann beginnen sie im Osten oder eben auch im Westen. Das ist alles verwirrend und nutzt nichts. Hier gebe ich ihnen eine Anleitung mit Variablen, damit sie für sich selbst den perfekten Ablauf herausfinden können. So vielfältig und unterschiedlich die einzelnen Persönlichkeiten sind, so vielfältige und unterschiedliche Möglichkeiten gibt es, eine Räucherung erfolgreich durchzuführen.

Am Wichtigsten ist an einer Raumräucherung, dass es eine Bereicherung für sich selbst und seine Lieben ist.

Das Ziel ist immer, energetische Belastungen wie drückende, störende sowie jegliche negative Energien aus geschlossen Räumen zu entfernen, damit man wieder ein uneingeschränktes, freies Wohlgefühl in seinen Räumen hat.

Beim Räuchern kann man nichts falsch machen! Es sei denn – man lässt es ganz sein!

Wann ist es ratsam zu Räuchern?

Grundsätzlich sollte man unbedingt eine energetische Reinigung durch Räuchern durchführen, wenn man einen neuen Platz für sich beansprucht. Dabei ist es nicht von Belang ob es sich dabei um eine Wohnung, ein Haus, ein Büro, eine Praxis, einen Wohnwagen oder –mobil, eine Hütte oder dergleichen handelt. Bei Neueinzug bzw. Wohnungswechsel unbedingt alle alten Energien entfernen. Denn diese gehören nicht zu einem selbst oder zu seinen Angehörigen und stören den eigenen Energiefluss. Vor nicht allzu langer Zeit war es sogar üblich, dass man einen Pfarrer kommen ließ, der dann die Wohnung, das Haus oder die Geschäftsräume geräuchert hat, da man von der reinigenden, heilenden Wirkung einer Räucherung wusste.
Nach und/oder während einer Erkrankung ist es ebenfalls sehr gut wenn man auch dann für energetische Reinigung der Umgebung sorgt. Krankheiten haben eine sehr schwere, belastende Energie (Schwingung) und diese

setzt sich überall fest. Auch kann regelmäßiges Entfernen dieser schweren Energien während der Genesung wunderbar unterstützend wirken.

Sobald ein Mensch oder Tier im Haushalt verstorben ist kann zu gegebener Zeit eine energetische Raumreinigung durch Räuchern den Trauerprozess unterstützen und die belastenden Energien lösen. Im Anschluss daran kann das Gute des Gegangenen seinen Platz einnehmen und man kommt endlich zur Ruhe und zu innerem Frieden.

Des Weiteren ist es eine wunderbare Variante bereits, während oder nach einer Geburt oder einer Hochzeit zu räuchern. Bei einer Hochzeit gib es auch eine wunderschöne, harmonische Energie wenn man die entsprechenden Räumlichkeiten vorab oder auch währenddessen räuchert.

Wenn Personen anwesend waren, die mit negativen Energien belastet sind oder sogar Negatives aussenden, sollte dringend zum Wohle Aller, geräuchert werden. Auch wenn durch diese Personen schlechte Nachrichten überbracht werden, kann die umgebende Energie sich in belastende Energie wandeln.

Auch diese Energie ist schwer und setzt sich fest.

Sehr heftig spürt man einen Wandel von harmonischer in schwere, drückende Energie, wenn Streit herrscht. Es gibt Menschen, die können diese Veränderung sogar körperlich wahrnehmen. Streit zählt neben Krankheiten mit zu den heftigsten und extrem belastenden Energieproduzenten (das wussten wir ja eigentlich schon immer, werden Sie jetzt bestimmt denken!).

Anlass für die energetische Raumreinigung kann auch einfach ein bestimmtes Datum sein. Das kann ein Geburtstag sein oder ein Feiertag. Das obliegt jedem selbst welche persönlichen Vorlieben hier eine Rolle spielen. Ihr Gefühl wird Ihnen hier sicher den richtigen Zeitpunkt nennen.

Gerne kann man auch planetarische Energien, zum Beispiel die des Mondzyklus, wie Vollmond oder Sonnenwende, berücksichtigen oder als Anlass nehmen. Ein toller Zeitpunkt ist der Neumond, da die schweren Energien verschwinden und, passend zum zunehmenden Mond, sich alles mit harmonischer Energie anreichert und verstärkt.

Zu den vorgenannten Anlässen möchte ich hier auch die Tage vor Weihnachten bis zu dem „Heilige drei Könige"-Tag nennen. Man nennt diese besonderen Tage auch die Rauhnächte. Wer Freude an dieser mystischen Zeit hat, kann sich da tolle weiterführende Infos im Internet besorgen.

Grundlegend ist eine Räucherung immer angesagt, wenn man in einem Raum ein Unwohlsein verspürt. Am besten vertrauen Sie da auf Ihr Bauchgefühl. Sollten Sie eine unangenehme Empfindung verspüren, nachdem Sie einen Raum betreten, empfiehlt sich eine energetische Raumreinigung.

Vollständigkeitshalber möchte ich hier auch die zeremoniellen Möglichkeiten berücksichtigen. Eine Räucherung kann auch immer dann angezeigt sein, um bei rituellen Handlungen zu unterstützen, wie z.B. bei Zeremonien um mit seinen Ahnen Kontakt aufzunehmen oder auch einfach um auf sein eigenes Wohlbefinden einzuwirken, um die Sinne zu wecken und positive Gefühle zu verstärken.

Was benötigen Sie für eine energetische Räucherung Ihrer Räume?

Die optimale Ausstattung ist die Räucherbox Deluxe von A.Mi.K.A., denn darin befindet sich perfekt abgestimmt, alles was für die energetische Räucherung in Räumen benötigt wird.

Nachfolgende Ausstattung ist optimal für Ihr Vorhaben

I.   Ein Räuchergefäß mit Griff. Der Griff ist wichtig, damit beim Schwenken in den Räumen die Hände vor Hitze geschützt sind.

II.   Feuerfester Untersatz um das Gefäß sicher abstellen zu können (entfällt, wenn das Gefäß bereits integrierte Füße hat).

III.   Räuchersand, es ist ein sehr feiner Sand ohne Zusätze.

IV.   Räucherkohle in der Größe 40 mm.

V.   Eine Räucherzange inkl. Kohlenstecher, um gefahrlos mit der Kohle hantieren zu können.

VI.   Ein Räucherlöffel um das Harz auf der glühenden Kohle abzulegen mit gegenüberliegender Räuchergabel um das verglühte Räucherwerk risikolos von der glühenden Kohle schieben zu können.

VII. Ein Feuerzeug mit verlängertem, beweglichem Hals, damit beim Entzünden der Kohle alles sicher ist.

VIII. Eine Feder um den aufsteigenden Rauch zu verteilen und in alle Ecken zu fächeln,

IX. Harz N°1 für die perfekte Anbindung zur geistigen Welt.

X. Weißer Salbei, welcher in der Lage ist negative, störende Energien zu binden und bedingt durch das Lüften, diese Energien aus den jeweiligen Räumen hinauszutragen.

XI. Weihrauch Olibanum um die Raumenergien zu harmonisieren und mit positiver Kraft aufzuladen.

Durchführung

Erster Schritt
Bevor die energetische
Raumreinigung losgeht

Das Thema Rauchmelder darf man nicht außer Acht lassen, zumal es in Deutschland
Pflicht ist, diese in jeder Wohnung zu haben.
Um trotzdem erfolgreich Räuchern zu können, gibt es unterschiedliche Wege, die man
gehen kann.

1) Man kann die Rauchmelder mit einem
   Latexhandschuh an der Decke einhül-
   len, alternativ funktioniert auch Frisch-
   haltefolie.
2) Falls es sich um magnetische Halte-
   rungen handelt, kann man die
   Rauchmelder einfach abnehmen und
   für die Zeit des Räucherdurchgangs
   beiseitelegen.
3) Einen Besenstiel oder einen anderen
   langen Gegenstand bereitstellen, dass
   man falls der Rauchmelder losgeht ihn
   kurzerhand einfach deaktivieren kann.

4) Einfach die Rauchmelder etwas mei-
den, denn bei Räucherungen gehen
sie in der Regel eher nicht los. Außer
man nebelt die Räume stark ein, was
aber nicht notwendig ist, um die gewünschte energetische Hygiene zu erreichen.

Zweiter Schritt
Räume vorbereiten, Fenster schließen

Jetzt ist der Zeitpunkt gekommen, an dem wir
durch alle Räume gehen und nachschauen
ob alle Fenster bzw. Außentüren (z.B. Bal-
kontüren) geschlossen sind. Auch sollten am
Boden keine Stolperfallen rumstehen, damit
man beim Begehen der Räume mit dem
Räuchergefäß in der Hand, nicht Gefahr
läuft, zu fallen. Hindernisse bei Bedarf einfach kurz auf die Seite räumen.

Dritter Schritt
Platzwahl und Vorbereitung der Utensilien

Um mit der Räucherbox zu arbeiten, bevorzuge ich in meinen Wohn- und Geschäftsräumen einen zentralen Platz, da hierdurch

kurze Wege in alle Räume gewährleistet sind. Bitte immer darauf achten, dass sich keine leicht entzündlichen Dinge im unmittelbaren Umfeld des Räuchergefäßes befinden. Ansonsten ist der Ort, an dem man mit der energetischen Räucherung beginnt frei wählbar. Sobald man den für sich richtigen Platz definiert hat, breitet man alle benötigten Utensilien vor sich aus. Als erstes stellt man das Räuchergefäß auf die feuerfeste Unterlage, bzw. wenn das Gefäß eigene Füßchen hat, dann direkt auf die gewählte Stelle. Jetzt wird der Sand in das Räuchergefäß gefüllt. Die Gläschen mit dem Räucherwerk stellt man sich in Reichweite zu dem Räuchergefäß hin. Alle weiteren Utensilien wie die Räucherkohle, Räucherzange, den Räucherlöffel/-gabel, die Feder und das Feuerzeug legt man sich griffbereit hin.

Vierter Schritt
Anzünden der Kohle

Um eine Kohletablette aus der Verpackung zu nehmen, kann man den Spieß, der an der Zange dranhängt, verwenden. Selbstverständlich kann man auch direkt mit der Zan-

ge einen Tab aus der Verpackung entneh-
men. Letztlich ist es wichtig, den Tab mit der
Zange zu greifen um die Kohle mit der offe-
nen Flamme des Feuerzeugs am Rand zu
entzünden. Augenblicklich sieht man, wie das
selbstentzündende Material in der Kohle Fun-
ken aufblitzen lässt. Jetzt setzt man die an-
gezündete Kohle hochkant auf dem Sand
auf, damit die Kohle durchglühen kann. Sie
wird nach einigen Minuten eine graue Asche-
schicht am Rand, als auch in der Mitte bil-
den. Das ist das Zeichen, dass die Kohle
heiß genug für die Räucherung ist. Anschließend legt man sie dann mit der Mulde nach
oben flach auf den Sand.

Fünfter Schritt
Anbindung, geistige Vorbereitung, Einstellung,
erster Räucherdurchgang mit Gebet

Nun ist der Moment gekommen an dem wir
uns, mit Unterstützung des Harz N°1, zentrie-
ren und mit dem Universum verbinden. Hier
kann man individuell wählen ob man sich mit
Gott, der göttlichen Ebenen, einer Gottheit,
der geistigen Welt oder generell mit dem Universum verbinden möchte, ganz nach indivi-

duellem Glauben bzw. eigenen Vorlieben. Allerdings wird immer etwas Harz N°1 mit dem Räucherlöffel aus dem Glas genommen und auf die glühende Kohle gelegt. Es fängt unmittelbar an zu rauchen und man fächelt sich mit der Feder etwas Rauch in sein Energiefeld. Das bewirkt zum einen, dass das eigene Energiefeld von störenden Energien befreit wird und zum anderen öffnet es den Geist.

An dieser Stelle sollte man ein Gebet sprechen. Dies kann klassisch das „Vater unser" sein oder gerne auch ein alternatives Gebet. Falls man dazu keine innere Verbindung spürt, kann man seine Gedanken auch frei formulieren.

Hier ein Beispiel: „Mit der nachfolgenden Handlung beabsichtige ich meine Räume von jeglichen energetischen Beeinträchtigungen zu befreien. Ich bitte um Unterstützung aus der geistigen Welt. Danke in Demut dafür."

Jetzt sind sie bereit die Raumreinigung durch die Räucherung durchzuführen.

Falls noch ein Rest vom Harz N°1 auf der Kohle liegt bzw. das verräucherte Harz, wird dies mit Hilfe der Räuchergabel von der Kohle gestrichen.

Sechster Schritt
Durchführung der Räucherung

Zu Beginn des Räucherdurchlaufs sollte man sich gedanklich seinen Laufweg zurechtlegen. In den Räumen wird während des ersten Durchgangs der weiße Salbei geräuchert. Dazu wird zuerst etwas Sand mit dem Räucherlöffel aus dem Räuchergefäß genommen und auf der glühenden Kohle verteilt. Dies dient dazu, dass die Auflagefläche der Kohle etwas in der Temperatur reduziert wird, damit der weiße Salbei nicht verbrennt sondern verglüht und somit den gewünschten Rauch erzeugt. Die Blätter des weißen Salbeis werden dann mit der Räucherzange aus dem Glas genommen und auf die vorbereitete, heiße Räucherkohle gelegt. Recht schnell steigt dann der gewünschte Rauch auf.

Nun gehen Sie mit dem Räuchergefäß in der einen Hand und der Räucherfeder in der anderen Hand von Raum zu Raum, beginnen in einer Ecke und fächeln mit der Feder den Rauch in die Ecke. Man spricht hier immer entweder ein Gebet, eine Anrufung der geistigen Welt oder man verwendet frei formulierte Worte um seiner Absicht Nachdruck zu verleihen. Dies wiederholt man in jedem Raum während der Räucherung der ersten Ecke. In den nachfolgenden Ecken genügt es einen der nachfolgenden Sätze zu verwenden:

Im Namen des Vaters, des Sohnes und des Heiligen Geistes, nehmt alle negativen Energien aus dieser Ecke bzw. aus diesem Raum!

Oder den Satz, den ich persönlich bevorzuge: Während des Fächelns: „Mit diesem Rauch sollen alle negativen Energien aus diesem Raum verschwinden!"

Selbstredend kann auch hier individuell eine eigene Variante gewählt werden.

Bei Bedarf werden immer wieder die verkohlten Blätter des weißen Salbeis von der Kohle geschoben und neue nachgelegt. Dazu nimmt man entweder das Glas mit dem Salbei mit oder man legt einige unbenutzte Blätter vorsorglich auf den Sand neben die glühende Kohle. Es wird hier aber immer mit der Räucherzange hantiert.

In jedem Raum, in dem man mit den Ecken fertig ist, beendet man die einzelne Räucherung, indem in der Raummitte das Räuchergefäß dreimal im Uhrzeigersinn im Kreis geschwenkt wird. Auch dann spricht man einen der oben genannten Sätze. Bei sehr großen, rechteckigen Räumen wählt man zwei Stellen um das Räuchergefäß zu kreisen. Lassen Sie sich einfach von Ihrem Gefühl leiten wie häufig bzw. an wie vielen Stellen Sie dies wiederholen möchten.

So durchlaufen Sie alle Räume, Flure und Zwischenflächen bis sie überall den Rauch verteilt haben.

Siebter Schritt
Lüften

Um den ersten Räucherungsdurchlauf an der Ausgangsposition zu beenden, schiebt man die noch befindlichen Salbeireste von der Kohle mit der Räuchergabel oder –zange auf die Seite und stellt das Gefäß auf die feuerfeste Unterlage. Der letzte Schritt entfällt bei Gefäßen mit eigenen Füßchen.

In derselben Reihenfolge wie bei der Räucherung, geht man jetzt durch alle Räume und öffnet alle Fenster und Außentüren (z.B. Balkontüre). Durch den Durchzug, der entsteht, zieht der Rauch aus den Räumen. Es dauert nur kurze Zeit, dann ist die Atmosphäre in den Zimmern gereinigt und man beginnt mit dem Schließen der Fenster in derselben Reihenfolge, in der man sie geöffnet hat.

Achter Schritt
Zweiter Räucherdurchgang

Jetzt wird der Weihrauch (Olibanum) verwendet.

Um mit dem finalen Räucherdurchgang zu beginnen, entfernt man zuerst die Salbeireste und den Sand von der glühenden Kohle. Jetzt kann man den zweiten Durchlauf starten indem man mit dem Räucherlöffel etwas Weihrauch dem entsprechenden Glas entnimmt und auf die Kohle legt. Es beginnt unmittelbar danach zu rauchen. Vorsicht ist geboten in Bezug auf die Menge des Weihrauchs, da das Harz recht starken Rauch entwickelt.

Man schreitet wieder mit dem Räuchergefäß in der einen Hand und der Räucherfeder in der anderen Hand von Raum zu Raum. Immer beginnend in einer Ecke, indem man mit der Feder den Rauch in die Ecke fächelt.

Auch jetzt spricht man jeweils wieder entweder ein Gebet (ein Vater unser, einen Psalm oder ein für sich stimmiges Gebet egal welcher Konfession), eine Anrufung der geistigen

Welt (ich rufe den Beistand der geistigen Welt herbei um mir bei dem Vorhaben meine/diese Räume zu reinigen beizustehen. Von Herzen danke ich für die Hilfe und Kraft bei meinem Vorhaben.) oder man verwendet frei formulierte Worte, um seiner Absicht Nachdruck zu verleihen.

Dies wiederholt man in jedem Raum während der Räucherung der ersten Ecke. In den nachfolgenden Ecken und der Mitte des Raumes genügt es einen der nachfolgenden Sätze zu verwenden:

~Im Namen des Vaters, des Sohnes und des Heiligen Geistes, nehmt alle negativen Energien aus dieser Ecke bzw. aus diesem Raum.

Oder den Satz, den ich persönlich bevorzuge:

~Während des Fächelns: „Mit diesem Rauch sollen alle negativen Energien aus diesem Raum verschwinden."

~Selbstredend kann auch hier individuell eine eigene Variante gewählt werden.

In jedem Raum beendet man seinen Durchgang damit, dass man in der Raummitte das Räuchergefäß dreimal im Uhrzeigersinn im Kreis schwenkt. Währenddessen spricht man ebenfalls einen der oben genannten Sätze. Bei sehr großen, rechteckigen Räumen wählt man zwei Stellen um das Räuchergefäß zu kreisen. Lassen sie sich einfach von ihrem Gefühl leiten wie häufig bzw. an wie vielen Stellen Sie es wiederholen.

Immer wenn das Harz aufhört zu rauchen, schiebt man die Reste mit der Räuchergabel von der Kohle und legt mit dem Räucherlöffel frisches Weihrauchharz nach. Dies wiederholt man so häufig, bis man in allen Räumen seinen Durchgang beendet hat.

So durchlaufen Sie alle Räume, Flure und Zwischenflächen bis Sie überall den Rauch verteilt haben.

Zum Schluss stellt man sein Räuchergefäß, wieder am Ausgangspunkt, auf der feuerfesten Unterlage ab. Falls es ein Gefäß mit hitzeschützenden Füßen ist, entfällt die Unterlage.

Neunter Schritt
Lüften

An dieser Stelle beginnen wir mit dem finalen Lüftungsdurchgang. Dazu öffnet man, in allen Räumen der Reihenfolge nach, die man für den Räucherdurchgang gewählt hatte, die Fenster und Außentüren (Balkontüre). Bei dem Durchzug, der entsteht, wird der Rauch nebst unerwünschten Energien davongetragen. Dies dauert in der Regel nur kurze Zeit. Je nach Jahreszeit sollte man die Außentemperatur berücksichtigen. Im Winter genügen 1–5 Minuten und im Sommer kann man das Lüften auch auf bis zu 15 Minuten ausdehnen. Im Frühjahr und Herbst die Dauer bitte entsprechend der Außentemperatur anpassen. Im Anschluss daran werden alle Fenster und Außentüren geschlossen.

Zehnter und finaler Schritt
Fenster schließen und Danksagung

Zurück an der Ausgangsstelle, an der sich die gesamten Utensilien nebst Räuchergefäß befinden, empfehle ich, sich respektvoll zu bedanken. Dazu wählt man ein Gebet, Psalm oder frei gewählte Worte. Der gesamte Durchlauf der Räucherung wird dadurch eine geschlossene Handlung: Beginn – Durchgänge – Abschluss.

Im Räuchergefäß kann man jetzt die Kohle entweder einfach abkühlen lassen oder man greift sie mit der Räucherzange und legt sie auf eine sichere Unterlage, auf der sie vollständig abkühlen kann. Wenn es schnell gehen soll nimmt man die Räucherzange mit der Kohle und taucht sie in kaltes Wasser oder hebt sie unter fließendes Wasser. Sicherheitshalber sollte dann der Kohlerest wieder auf eine sichere Unterlage wie z.B. ein Stück Alufolie gelegt werden.

Bitte daran denken niemals die Kohle unbeaufsichtigt einfach irgendwo stehen zu lassen. Es könnte sich ein Funke lösen und umliegendes Material entzünden.

Nach dem vollständigen Abkühlen der Kohle und des Sandes im Räuchergefäß, füllt man den Sand, ohne die Überreste des Räucherguts, wieder zurück in das entsprechende Glas.

Jetzt kann die Räucherbox wieder eingeräumt, verschlossen und verstaut werden.

Wirkung und Gefühl im Anschluss an eine Raumräucherung

Sie werden den gravierenden Unterschied der Energien spüren, der sich in den Räumen befand vor der Räucherung und den, der sich in den Räumen befindet nach der Räucherung.

Dazu verlässt man, bevor man mit dem Räuchern beginnt, das Haus, die Wohnung oder den entsprechenden geschlossenen Raum. Ein kurzer Spaziergang an frischer Luft, klärt die eigenen Empfindungen. Im Anschluss daran betritt man wieder die Räume und spürt tief in sich hinein, was man wahrnimmt. Oft sind es bedrückende, schwere und belastende Energien. Es kann sich wie ein Druck auf den Schultern oder im gesamten Körper anfühlen. Die Empfindung ist sehr unterschiedlich. Jetzt sollten Sie dieses Gefühl entweder kurz notieren oder sich merken, um später den Unterschied festzustellen. Gerne können Sie das Gefühlte auch auf einer Scala von 1 – 10, dabei ist 1 sehr belastend und drückend und 10 ist sehr leicht, schön und frei, festhalten.

Oftmals wissen die Personen sowieso um die energetische Seite des Lebens und nehmen darum auch die Energien aus ihrem Umfeld direkt wahr. Das Vorgenannte dient lediglich dazu, sich der Energien bewusst zu werden, um wahrnehmen zu können, wie sich das Raumklima durch Räucherung wandelt in eine harmonische, leichte, lichte und freie Energie.

Nachdem man also die schwere Energie verspürt, führt man eine energetische Reinigung
der Räume durch Räuchern durch. Nach Be-
endigung der Räucherung, wiederholt man
das Verlassen der Räume. Es empfiehlt sich,
auch dieses Mal ein kurzer Spaziergang an
der frischen Luft, um einen neutralen, energetischen Zustand zu erreichen. Im Anschluss
daran betritt man erneut die Räume und fühlt
in sich hinein was man wahrnimmt. Der Unterschied in der Wahrnehmung gegenüber
dem Empfinden vor der Räucherung ist ver-
blüffend. Meist ist es ein sehr leichtes, har-
monisches, lichtes Empfinden nach der Räucherung, das man wahrnimmt. Aber auch
hier sind die Gefühle unterschiedlich. Jetzt
können Sie das Ergebnis, das Sie wahrnehmen mit dem, das Sie zu Beginn hatten, ver-
gleichen. Hierzu dient Ihnen entweder Ihre
Notiz, Ihre gemerkte Empfindung oder die
festgelegte Einstufung mit der Scala von 1–
10. Manchmal kann man es jedoch nicht in
Worte fassen, ist sich aber dennoch bewußt,
dass es sich jetzt richtig gut anfühlt!
Vorsicht Suchtgefahr! Es macht süchtig,
denn sobald man sich an dieses harmonische Gefühl in seinem Umfeld gewöhnt hat,

möchte man es nie wieder anders haben. Ein guter Rhythmus, der sich in der Vergangenheit bewährt hat, ist alle vier bis sechs Wochen eine vorsorgliche Räucherung durchzuführen. Spätestens jedoch wenn es ihnen bewusst wird, dass Sie sich energetisch nicht mehr rundherum wohl fühlen in Ihren Räumen ist es an der Zeit dieselben durch einen Räucherdurchgang zu reinigen und zu harmonisieren. Optimal ist es auch, wenn nach Situationen bei denen schwere, niedere und belastende Energien freiwerden, eine Räucherung durchgeführt wird (z.B. wie bereits weiter vorne erwähnt, nach/während Krankheit, Streit, negativen Nachrichten, toxischer Besuch usw.).

Anmerkung

Ein sehr positiver Nebeneffekt hierbei ist auch, dass das eigene Energiefeld (Aura) automatisch mit gereinigt und harmonisiert wird. Mit dem „Harz N°1" erlangt man schon zu Beginn die persönliche Reinigung und Anbindung „nach Oben". Falls dann noch belastende Energien vorhanden sind erledigt dies die Räucherung mit weißem Salbei. Der

Weihrauch harmonisiert zum Abschluss dann die Energie.

Das Räucherwerk

Harz N°1

Dies ist eine eigene Mischung, die Ihnen hilft sich leicht mit der geistigen Welt zu verbinden und macht die anschließende Räucherungen mit weißem Salbei und Weihrauch sehr leicht und fließend.

Weißer Salbei

Für diese Räucherung nutzt man weißen Salbei. Dieser ist meiner Erfahrung nach das stärkste Räucherwerk um Negatives zu binden und zu entfernen. Naturvölker nutzen ihn in der Vergangenheit und in der Gegenwart erfolgreich für Reinigung und Zeremonien. Das Wissen darüber wird von Generation zu Generation weitergegeben. Heutzutage haben glücklicherweise alle Zugang zu diesem Wissen und zu dem Räucherwerk.

Weihrauch Olibanum

Der Weihrauch wird genutzt um die Energien auszugleichen und zu harmonisieren und sie positiv aufzuladen. Man fühlt sich geborgen, leicht und glücklich.

Berichte von Anwendern

Bei jedem Neueinzug in Wohn- oder Geschäftsräume ist es ratsam vor dem Bezug sofort eine energetische Reinigung durch das „Ausräuchern" der Räume zu vollziehen. Ich rate dazu, dass man als Erstes die Räumlichkeiten komplett ohne Mobiliar mit dem Räuchern energetisch reinigt, dies dann erneut wiederholt, sobald das Interieur in den Räumen ist und möglichst alle Utensilien verstaut sind, also direkt nach dem Einzug. Dadurch werden auch alle belastenden Energien, die eventuell von den Umzugshelfern eingeschleppt wurden wieder entfernt. Die Räume sind dann perfekt vorbereitet um von den neuen Bewohnern bzw. Nutzern in Besitz genommen zu werden.

Meine eigene Erfahrung mit neuen Wohnräumen

Zuerst möchte ich an dieser Stelle über meine eigene Geschichte berichten.

Als mein damaliger Ehemann und ich uns entschlossen eine neue Wohnung zu suchen, die unseren Vorstellungen entsprach, gaben wir unsere Wünsche an die geistige Welt ab. Eines Freitagabends stolperte ich dann über eine neue Anzeige im Internet. Es handelte sich um eine Wohnung nebst Ausstattung, die mir auf Anhieb sehr gut gefiel. Wir beschlossen, uns auf diese Wohnung zu bewerben. Nachdem ich mit dem Makler Kontakt aufgenommen hatte, vereinbarten wir einen Besichtigungstermin für den folgenden Tag. Wir besichtigten voller Spannung die uns angebotenen Räume und waren entzückt, da sie komplett unseren Vorstellungen entsprachen. Es war genügend Raum vorhanden um ein Büro/Praxis einzurichten und uns den Rest der Wohnung nach unseren Vorstellungen zu gestalten. Wir nahmen jedoch wahr, dass wir es hier mit bedrückenden Energien zu tun hatten. Es herrschte in den einzelnen Zimmern zum Teil eine sehr bedrückende Atmosphäre. Mein damaliger Mann und ich sagten dem Vermieter trotzdem sofort zu, da ich mir sicher war, dass ich durch eine gründliche Räucherung die bedrückende Atmosphäre beseitigen könnte. Wir erhielten den Zuschlag für die Wohnung. Als ich dann die Schlüssel in der Hand hielt, war meine erste Handlung, die gesamte Wohneinheit durch einen ausgiebigen Räucherdurchgang mit weißem Salbei energetisch zu reinigen, um danach durch eine weitere Räucherung mit Weihrauch die gesamte Atmosphäre zu harmonisieren und zu klären. Es war so wunderbar, dass mit jedem Durchgang und dem anschließenden Lüften die Energie leichter, reiner und harmonischer wurde. Als ich mit meinem Räucher-Zeremoniell fertig war, bat ich meinen damaligen Mann mit mir zusammen die Räume erst zu verlassen, etwas Zeit an der frischen Luft zu verbringen, um dann erneut die Wohnung zu betreten um die Veränderung zu spüren und sich in die Räume einzufühlen. Nacheinander betraten wir jeden einzelnen Raum und waren vom Ergebnis begeistert. Der Unterschied war sofort spürbar und jetzt entsprach die Wohnung auch energetisch vollkommen unseren Erwartungen und wir fühlten uns von diesem Augenblick an hier zuhause. Wir waren rundum glücklich, und der geistigen Welt dankbar für die Führung. Ich kann nur immer wieder empfehlen, unbedingt bei bzw. vor der Übernahme von neuen Räumen die Energien der Vorgänger zu lösen bzw. zu löschen indem man eine energetische Raumreinigung mit Rauch durchführt.

Bericht einer Klientin über ihre Wahrnehmung nach dem Ableben einer Angehörigen

Eine Klientin kam eines Tages auf mich zu und bat mich um Rat. Es handelte sich um die Räume, in denen ihre Schwiegermutter ihre letzten Tage als Pflegefall bis zu ihrem Ableben bewohnte. Seit dieser Zeit wollte keiner der Hausbewohner mehr den Raum betreten. Meine Klientin berichtete: „Sobald man eintritt beschleicht einen umgehend ein mulmiges, bedrückendes Gefühl. Man ist froh den Raum schnellstens wieder verlassen zu können." Ich erklärte ihr, dass sich meiner Meinung nach in dem besagten Raum Krankheitsenergien gesammelt und festgesetzt hatten. Bewusst aber auch unbewusst werden belastende Energien immer und von jedem wahrgenommen. Jeder reagiert jedoch unterschiedlich auf diese unguten Schwingungen. Der eine wird streitsüchtig, der andere will flüchten und wieder ein anderer bricht in Tränen aus oder wird melancholisch. Ein Gefühl haben jedoch alle gemeinsam: Dass sie sich unerklärlicherweise plötzlich unwohl fühlen, ja sogar bedrückt.

Meine Empfehlung lautete, um den Raum wieder nutzen zu können, sollte sie eine Räucherung des Raumes und am besten der gesamten Wohneinheit durchführen. Meine Klientin erklärte mir, dass sie etwas unsicher im Umgang mit Räucherutensilien sei. Somit sagte ich ihr zu die Räucherung der Räume durchzuführen. Zeitnah begab ich mich zu der mir angegebenen Adresse. Im Gepäck hatte ich meine Räucherbox Deluxe, in der alles Notwendige enthalten war. Vor Ort erfuhr ich dann, dass die Schwiegermutter ursprünglich in einer sich im Haus gelegenen Einliegerwohnung wohnte. Allerdings zog sie ab dem Zeitpunkt, als sie ein Pflegefall wurde, in eines der Gästezimmer im Obergeschoss. Beim Betreten dieses Raumes stellte ich fest, dass die Energien, die ich wahrnahm dort am bedrückendsten waren. Also begann ich dort mit dem Ausräuchern. Im Anschluss daran schritt ich durch das gesamte Haus nebst Einliegerwohnung. Um ein optimales Ergebnis zu erzielen verwendete ich die drei Räucherstoffe aus der Räucherbox. Das Harz N°1 jedoch nur zu Beginn um meine Verbindung zur geistigen Welt leichter herzustellen und mich auf den Prozess einzustimmen. Anschließend verwendete ich zuerst überall weißen Salbei und nach dem Lüften aller Räumlichkeiten folgte ein Durchgang mit Weihrauch. Dieser harmonisierte und energetisierte das gesamte Haus.

Abschließend gab ich meiner Klientin zusammen mit ihrer Familie, die sich während meines Wirkens im Garten aufhielten, Bescheid, das Haus zu betreten und in alle Räume zu gehen. Die gesamte Familie war unglaublich erstaunt und zutiefst berührt, denn plötzlich fühlten sich die Räume friedvoll und harmonisch an. Sie fühlten die ausgeglichene und wohltuende Energie, die jetzt in jedem Raum wahrgenommen wurde. Dadurch konnte ab sofort wieder jeder Raum des Hauses voll genutzt werden, denn man fühlte sich jetzt wieder rundum wohl. Die Hausbesitzer waren so beeindruckt, dass sie

sich umgehend eine Räucherbox Deluxe zu-
legten und fortan in regelmäßigen Abständen
die Räume durch eine Räucherung reinigten
und harmonisierten.

Erfahrung nach der Trennung vom Partner

Bei einer Sitzung in meiner Praxis, berichtete
mir eine Klientin, dass sie sich seit der Trennung ihres Lebensgefährten, ständig unwohl
in ihren Wohnräumen fühle. Der Auszug aus
der gemeinsamen Wohnung fand mit vielen
Auseinandersetzungen statt. Bereits schon
vor dem Auszug gab es heftige Streitereien.
Von einer einvernehmlichen und friedvollen
Trennung waren Beide sehr weit entfernt. Ab
dem Moment als der Partner die Wohnung
verlassen hatte, fühlte sie sich in ihren Wohnräumen stets gedrückt, schwer und melancholisch. Zu Beginn ihres Singledaseins
schob sie diese bedrückenden Gefühle auf
den ersten Trennungsschmerz. Als nach eini-
ger Zeit immer noch keine Veränderung zu
spüren war, stellte sie sich die Frage was
dahinter stecken könnte. Bei einem ihrer
nächsten Termine in meiner Praxis, berichtete
sie mir von ihrer Situation und bat mich um

Rat. Sie erzählte mir, dass sie diese bedrückenden Emotionen nur in ihrer eigenen Wohnung wahrnehmen würde. Es war eindeutig, dass sich in ihrer Wohnung die beeinflussenden Energien der vorangegangenen Auseinandersetzungen festgesetzt hatten. Somit empfahl ich ihr die Räucherbox Deluxe, um damit ihre Wohnung vollständig, durch eine Räucherzeremonie, von jeglichen belastenden Energien zu befreien. Die Räucherbox beinhaltet neben den notwendigen Räucherutensilien, eine Schritt für Schritt–Anleitung. Somit war sie in der Lage, auch als Räucher-Neuling, ihre Wohnräume, durch eine Räucherung, von den störenden Energien zu reinigen. Im Anschluss des Räucherprozesses stellte sich eine harmonische, friedvolle und warme Atmosphäre ein. Voller dankbarer Freude, berichtete mir die Klientin, bei ihrem Folgetermin davon. Sie meinte ebenfalls, dass sie zukünftig, in immer wiederkehrenden Abständen, ihre Wohnräume, durch eine ausgiebige Räucherung bereinigen würde. Für sie kommt es zukünftig nicht mehr in Frage, sich in einer Wohnung mit belastenden Energien aufzuhalten. Für ihre Reisen nahm sie sich ein Schutzspray von A.Mi.K.A. mit, da es schwierig ist in Hotelzimmern, Ferienwohnungen, Pensionen usw. eine Räucherzeremonie bei Einzug abzuhalten. In diesen Fällen ist man perfekt mit dem Schutzspray gerüstet, da man beim ersten Betreten umgehend alle Räume aussprühen kann und somit ebenfalls eine „saubere Atmosphäre" erhält in der man sich für die Aufenthaltsdauer wohlfühlen kann. Gerne wird dieses Schutzspray auch für Büros, Aufzüge oder Krankenhäuser verwendet. Es eignet sich für alle Räume, an denen sich Leute aufhalten. Es ist erstaunlich, wie sich die Atmosphäre durch dieses Spray angenehm verändert.

Bestimmung von Räucherwerk für persönliche Bedürfnisse

Um den persönlichen Nutzen unterschiedlicher Räucherstoffe herauszufinden, ist der einfachste Weg oft der Beste. So sollte man einfach auf sein eigenes Empfinden vertrauen.

Wenden Sie Ihr Bewusstsein nach innen und schließen Sie beim Erschnuppern der unterschiedlichen Räucherstoffe die Augen. Bei dem Räucherwerk, das am stärksten mit

Ihnen in Resonanz steht werden Sie ein warmes Gefühl in Ihrem Innern wahrnehmen. So zeigt sich die Räucherung, dessen Wirkung Sie momentan am dringendsten benötigen, unabhängig davon was grundsätzlich den einzelnen Räucherstoffen zugesprochen wird. Ihr Unterbewusstsein wird Ihnen über Ihre Nase genau anzeigen was sie auf körperlicher und/oder feinstofflicher Ebene benötigen. Es wird eine Wohltat für Sie werden dies in der Praxis anzuwenden und für sich selbst zu nutzen.

Kleine Übersicht über gängiges Räucherwerk

Alantwurzel

❖ Stimmungsaufhellend und Entspannend.

❖ Zudem erlangt man mit jedem Atemzug immer mehr Klarheit und innere Ruhe.

❖ Die Alantwurzel verbreitet beim Räuchern einen angenehmen frischen Duft. Sie schafft eine helle und schützende Atmosphäre.

❖ Zudem wird der Alantwurzel nachgesagt, dass sie in der Lage sei böse Geister zu vertreiben.

❖ Sie ist auch wirksam bei den alltäglichen Belastungen wie Stress und auch bei Gemütsverstimmungen bis hin zu Depressionen.

❖ Auch bei dem Fest der Sommersonnenwende wird sie durch ihre schützenden und Böses vertreibenden Eigenschaft eingesetzt.

Benzoe Siam

❖ Liebevoll und Herzöffnend.

❖ Benzoe Siam wirkt auf uns Menschen anziehend und wir erfahren ein Gefühl von tiefer Geborgenheit. Wir können mit ihr loslassen und unsere Herzen öffnen.

❖ Sie verbreitet einen einmaligen vanilligen, süßen Duft, ist zu Beginn jedoch recht scharf und darum ist es ratsam sie mit feinerem Räucherwerk wie Sandelholz, Weihrauch, Myrrhe oder ähnlichem zu vermischen.

- ❖ Die Wirkung bei seelischen Verletzungen ist überragend. Man fühlt sich warm und geborgen eingehüllt.
- ❖ Benzoe Siam ist als ein sehr wichtiger Stoff in fast allen Räucherstäbchen enthalten. Auch wird er in Parfüms, Salben und Cremes als Bestandteil genutzt.

Benzoe Sumatra

- ❖ Liebe und Kreativität.
- ❖ Benzoe Sumatra regt durch seinen Duft die Phantasie und Kreativität an.
- ❖ Der Duft ist herb–süßlich und erinnert an Vanille.
- ❖ Mit Benzoe Sumatra erreicht man eine liebevolle und friedliche Atmosphäre, in der man seiner Schaffenskraft freien Lauf lassen kann.
- ❖ Benzoe Sumatra findet in der Lackindustrie und auch bei der Lederverarbeitung eine wirtschaftliche Rolle.

Copal blanco

❖ Reinigung und Erfrischung.

❖ Mit Copal blanco erreicht man eine gereinigte Umgebung in der man sich erfrischt fühlt.

❖ Sein Duft ist leicht zitronig und erinnert an einen Waldspaziergang.

❖ Copal blanco beflügelt den Geist und öffnet ihn für Wahrnehmungen aus der geistigen Welt.

❖ Dieses Harz eignet sich für Zeremonien, denn es vermag die Tore zur feinstofflichen Ebene zu öffnen.

Copal negro

❖ Erdung und Zuversicht.

❖ Copal negro vermag dunkle Energien zu vertreiben. Die eigenen Schatten zu lösen und zu transformieren. Er hilft uns wieder den richtigen Weg zu finden.

❖ Sein Duft ist etwas schwer, balsamisch und zudem erfrischend.

❖ Nachdem man durch Copal negro die Atmosphäre gereinigt hat und festsitzende, störende Energien vertrieben wurden, wird lichte positive Energie angezogen.

❖ Traditionell wird er auch als „Nahrung" für Verstorbene, während der Begleitung ins Licht genutzt.

Dammar

❖ Stimmungsaufhellend und Inspirierend.

❖ Dammar ist in der Lage bei Traurigkeit, Melancholie und Schwere durch seinen Rauch diese schweren Emotionen aufzuhellen. Er bringt Licht ins Leben.

❖ Dammar hat einen frischen, feinen bis hin zu zitrusartigem Duft.

❖ Im mentalen Bereich wird der Geist sehr deutlich stimuliert und in Gang gesetzt. Vor allem erfährt man eine Leichtigkeit.

❖ Auch industriell wird Dammar viel genutzt. Bei der Parfümherstellung ebenso wie bei der Lackproduktion.

Drachenblut

❖ Stabilisierend und Stärkend.

❖ Um klare Entscheidungen zu treffen ist Drachenblut, beigemischt zu weiteren harmonisierenden Räucherwerken wie Weihrauch oder Sandelholz, unübertroffen.

❖ Der Duft ist würzig und kräftig mit einer etwas bitteren, strengen Note.

❖ Dieses Räucherwerk aus dem Drachenblutgewächs erdet und stabilisiert einen. Es wirkt auch als Schutzschild gegen negative Energien. Zudem stärkt es das Wurzelchakra.

❖ Drachenblut wird seit jeher gerne bei magischen Ritualen verwendet. Zudem wird es als Aroma- und Färbemittel in der Getränkeindustrie genutzt. Durch seine intensive rote Farbe gibt es noch zahlreiche weitere Einsatzmöglichkeiten.

Eichenrinde

❖ Kraft und Erfolg.

❖ Die Räucherung mit Eichenrinde steht für Gerechtigkeit und daher ist es empfehlenswert, bei Vertragsabschlüssen vorab damit zu räuchern.

❖ Eichenrinde duftet nach wärmendem Holz wie in einem Kaminfeuer.

❖ Sie wird Göttern wie Thor, Zeus und dem Halbgott Herkules zugeschrieben. Auch die Kelten und Germanen nutzten gerne dieses Räucherwerk in ihren Rezepturen.

❖ Ebenfalls sollte erwähnt werden, dass Eichenrinde eine wunderbare unterstützende Atmosphäre zum orakeln jeglicher Art verströmt.

Fichte -Nadeln - Harz

❖ Belebend und Aufbauend.

❖ Durch das Räuchern von Fichte in jeglicher Form wird eine euphorisierende und kräftigende Wirkung auf Körper und Geist erzielt.

- ❖ Durch die Fichtenräucherung wird ein deftig–waldiger Duft verströmt.
- ❖ Fichtenharz sowie auch seine feinge-schnittenen Nadeln sind ebenfalls be-kannt für eine reinigende und desinfi-zierende Wirkung.
- ❖ Dieser wunderbare Waldbewohner ist dem Gott der Meere, Poseidon, ge-weiht. Jedoch sollte Fichte immer mit Bedacht geräuchert werden, da sie recht stark ist und somit bietet es sich an sie mit milderen Räucherungen wie Sandelholz, Lavendel oder Rose zu kombinieren.

Kampfer

- ❖ Konzentration und Befreiung.
- ❖ Dabei geht es vor allem um die innere Befreiung von negativen Schwingun-gen. Diese werden von Kampfer nicht geduldet und somit erreicht man eine Klarheit durch die man sich sehr stark konzentrieren kann.
- ❖ Der Duft des Kampfers kann man als frisch mit einer minzigen Note be-schreiben.

❖ Man erzielt sehr schöne Ergebnisse beim Einsatz von Raumreinigungen. Anschließend lässt sich in den gereinigten Räumen effektiver und zielgerichteter arbeiten.

❖ Es sollte auch erwähnt werden, dass Kampfer die sexuelle Begierde mindert und darum auch gerne von Mönchen verräuchert wird um in eine tiefe Meditation zu kommen.

Lavendel

❖ Harmonie und Frieden.

❖ Diese zarten Blüten bringen durch ihre Räucherung tiefe innere Ruhe bis in die entlegensten Winkel unsers Seins. Optimal kann auch ein harmonischer, friedvoller Schlaf durch sie unterstützt werden. In den aufwühlenden Rauhnächten darf Lavendel zum Ausgleich keinesfalls fehlen.

❖ Der Duft von Lavendel ist wohl den meisten Menschen bekannt. Er ist betörend, süßlich mit einer frischen Note.

❖ Lavendel ist immer eine optimale Bei-
gabe zu allen Räucherungen um alles
in Harmonie zu bringen.

❖ Überliefert wurde auch, dass Lavendel
gerne in Krankenzimmern verwendet
wurde um die Luft zu desinfizieren und
die kranken Energien zu reinigen.

Lorbeer

❖ Erweiterung und Visionen.

❖ Das Räuchern von Lorbeer dient der
Erweiterung der Sinne um Visionen zu
erzielen. Es ist ein wunderbarer Be-
gleiter beim Orakeln.

❖ Den Duft von Lorbeer kann man am
besten als erdig, krautig und aromatisch bezeichnen.

❖ Lorbeer schenkt einem durch die Verwendung beim Räuchern, die Öffnung
und Zugang zum eigenen Sein. Es hilft
alles Negative zu überwinden.

❖ Lorbeer steht für Ruhm und Ehre. In
der Antike wurden Eroberern gerne
Lorbeerkränze überreicht. Auch den
Verstorbenen wurden Lorbeerkränze

und Gebinde dargelegt um sie zu eh-
ren.

Moschus

❖ Sinnlichkeit und Anregend.

❖ Durch das Räuchern von Moschus
werden Hemmungen gelöst und es
verstärkt die Begierde nach körperlicher Nähe.

❖ Es duftet nach dem typischen Mo-
schusgeruch, der recht schwer und
doch betörend ist.

❖ Es kann das Moschuskraut sowohl als
auch die Moschuskörner verwendet
werden. Bei klassischen Liebesräu-
cherungen darf es nicht fehlen um die
gewünschte Wirkung zu erzielen.

❖ In der Industrie wird häufig syntheti-
scher Moschus verwendet. Beim Räuchern nimmt man die Moschuskörner
einer brasilianischen Hibiskusart oder
das Moschuskraut, das unter anderem
in feuchten Wäldern in Deutschland
wächst.

Myrrhe

❖ Harmonisierend und Mystik.

❖ Dieser bereits seit der Antike ge-
schätzte Räucherstoff vermag es Körper, Geist und Seele in Einklang zu
bringen. Sie schärft den Blick für das
Wesentliche und verbindet zur feinstofflichen Welt.

❖ Sie duftet warm, harzig mit einem erdigen Ton. Es ist eine Harmonie für
die Sinne.

❖ Auch ein hervorragendes Räucherwerk
um Segnungen von Talismanen, Amu-
letten und jeglichen Kleinoden zu verwenden.

❖ Myrrhe galt in verschiedenen antiken
Kulturen als Symbol für die Weiblich-
keit.

Pfefferminze

❖ Erfrischend und Strukturierend.

❖ Die Pfefferminze sorgt für Vitalisierung
des Körpers und des Geistes. Somit
ist man in der Lage wieder klar und
strukturiert zu denken.

❖ Der Duft ist einzigartig frisch und klar.

❖ Es werden die Sinne geöffnet und geschärft. Man erreicht leichter seine gesteckten Ziele.

❖ Pfefferminze wird weltweit angebaut und auch gerne an heißen Tagen zum Abkühlen als Tee eingenommen. Auch soll man sich willkommen fühlen, wenn einem ein Pfefferminztee gereicht wird.

Rosenblüten

❖ Sinnlichkeit und Herzunterstützend. Räuchern mit Rosenblüten ist durch ihre Zartheit bei allen emotionalen Themen als Unterstützung angezeigt. Auch fördert sie die Besänftigung und Harmonisierung zwischen zwei Menschen.

❖ Der Duft ist äußerst zart und lieblich.

❖ Der Duft ist in der Lage, Dinge, die uns belasten, schmerzen oder verletzen, wieder in die Versöhnung zu bringen. Zudem werden jegliche Liebesangelegenheiten unterstützt.

❖ Um einen stärkeren Duft zu erhalten ist es angezeigt Rosenöl zu verwenden. Ansonsten werden Rosenblätter vorrangig mit weiteren Ingredienzien vermischt um somit eine optimale Wirkung zu erzielen.

Sandelholz

❖ Lösend und Bannend.

❖ Mit Sandelholz können nicht nur böse Energien gebannt werden, sondern auf körperlicher Ebene wird es eingesetzt um Heißhunger auf Süßes zu bannen.

❖ Der Duft ist weich und harmonisch wärmend.

❖ Es wird häufig für Mischungen herangezogen, denn dadurch wird gewährleistet, dass die gewünschte Wirkung ohne Beeinträchtigungen von störenden Energien erzielt werden kann.

❖ Es gibt das weiße und das rote Sandelholz. Das Weiße ist etwas harmonischer und sanfter. Auch ist es meist kostspieliger. Das Rote wird zudem gerne in Räucherstäbchen und Räucherkegeln verwendet. Der darin enthaltene rote Farbstoff Santalin dient zum einfärben unterschiedlichster Produkte wie z.B. Textilien.

Styrax

❖ Herzöffnend und Stimulierend.

❖ Styrax eignet sich hervorragend um eine liebevolle, einfühlsame und romantische Stimmung zu erzeugen und als Unterstreichung bei einem erotischen Rendezvous zu dienen.

❖ Es duftet süßlich und erinnert ein wenig an Vanille.

❖ Durch Styrax können emotionale Spannungen gelöst werden. Sorgen und negative Gedanken gehören der Vergangenheit an.

❖ Seit jeher wird es für Orakelräucherungen beigemischt. Es findet umfängliche Anwendungsmöglichkeiten in der Nahrungsmittelindustrie und sogar Tabak wird es beigemischt.

Thymian

❖ Lebensenergiespendend und Schützend.

❖ Thymian bringt uns neue Lebenskraft sobald wir in seinen Rauch gehüllt sind und ihn mit unseren Sinnen wahrnehmen. Zudem hilft er uns bei schwierigen Entscheidungen den richtigen Weg einzuschlagen.

❖ Thymian hat einen stark würzigen, erdigen und aromatischen Duft.

❖ Er soll laut Überlieferungen aus dem antiken Griechenland den Germanen, beim Vertreiben und zum Schutz vor Dämonen gedient haben.

❖ Thymian wird zudem zu desinfizierenden und inhalierenden Zwecken auf körperlicher Ebene eingesetzt.

Wacholder

❖ Schutz und Reinigung.

❖ Wacholder vermag den Geist zu klären und mit nötiger Kraft zu erfüllen. Alle Teile des Wacholders dienen zum Schutze und zur Reinigung vor Negativem. Es können das Holz, die Spitzen und auch die Beeren zum Räuchern verwendet werden.

❖ Der Duft des Holzes ist dezent, die Spitzen sind eher waldig, kräftig und edel. Die Wacholderbeeren verströmen einen aromatischen, fruchtigen und dennoch feinen Duft.

❖ Der Wacholder vermag die Seele zum Licht zu führen.

❖ Man verwendet ihn auch in Kranken- zimmern um dort die Luft zu desinfi- zieren und von negativen Einflüssen zu schützen.

Weihrauch (Olibanum)

❖ Verbindend und Klärend.

❖ Weihrauch stellt die Verbindung zwi- schen der stofflichen und der spirituel- len Ebene her. Er hat eine harmonisie- rende und klärende Wirkung.

❖ Sein Duft ist sonnig–warm und etwas süßlich mit einer leichten Zitrusnote.

❖ Beim Räuchern mit Weihrauch wird man feststellen, dass sich nach dem Räuchern eine feine, reine Energie verbreitet. Sie ist harmonisch und vermittelt Wohlbehagen.

❖ Weihrauch ist eines der begehrtesten Substanzen, welche außerhalb des Räucherns auch im gesundheitlichen Bereich Verwendung findet. Dies ist vor allem den Bosweliasäuren welche eine entzündungshemmende Wirkung haben geschuldet.

Weißer Salbei

❖ Reinigung und Schutz.
❖ Es handelt sich hier um die beliebteste und effektivste Räucherung um Räume von allem Negativen zu reinigen. Zudem schützt er vor allzu schnellem Wiederaufbau negativer Energien.
❖ Er duftet recht stark, etwas holzig und leicht erdig.
❖ Weißer Salbei ist eine heilige Pflanze mit reiner, positiver Energie der Ureinwohner Amerikas. Dort wird sie verehrt und mit Respekt verwendet.
❖ In Kombination mit Weihrauch ist dies die stärkste Räucherung um Haus und Hof zu reinigen und zu Schützen.

Zedernholz

- ❖ Glücksanziehend und Kraftspendend.
- ❖ Mit der Räucherung von Zedernholz soll Wohlstand, Ansehen, Mut, Ausdauer und Ehre angezogen werden. Die Zeder verbindet den Himmel mit der Erde.
- ❖ Der Duft ist warm, würzig und aromatisch.
- ❖ Zedernholz stärkt einen und verleiht Mut. Zudem soll es vor Alpträumen schützen.
- ❖ Das Zedernholz steht für die Verbindung zwischen Oben und Unten, Innen und Außen sowie Materie und Feinstofflichkeit.

Räucherbox Deluxe

Die Idee dazu, eine Räucherbox Deluxe zu kreieren, entstand durch das Bedürfnis meiner Klienten nach einer unkomplizierten Möglichkeit räuchern zu können. Ich wurde immer wieder darauf angesprochen, dass es schwierig und teilweise zeitraubend sei, alle Utensilien für eine Räucherung zu beschaffen, um die eigenen Räume energetisch reinigen zu können. Durch die optimale Zusammenstellung der benötigten Utensilien in einer ansprechenden Box, spart Ihnen dies erheblich Zeit, die man wiederum für die Räucherzeremonie nutzen kann.

Bei der Räucherbox Deluxe gönnen Sie sich eine sehr edel gehaltene Box, die sich auch hervorragend als Geschenk eignet. Sie beinhaltet das komplette Equipment um sofort loslegen zu können. Zudem haben sie nach dem Erwerb der Räucherbox Deluxe auch noch den Vorteil, dass alle Verbrauchsmaterialien (Sand, Kohle, Harz N°1, Weihrauch und weißer Salbei) in einer entsprechenden Nachfüllbox in meinem Shop erhältlich sind.

Jeder, der im Besitz dieser fantastischen Räucherbox Deluxe ist, hat nun die Möglichkeit, jederzeit und vor allem auch regelmäßig, seine Räume auch auf energetischer Basis rein zu halten.

Ich kann jedem nur empfehlen, eine Räucherbox Deluxe zu Hause zu haben! Sie werden sehen, dass Sie voller Freude den Nutzen der Räucherbox wertschätzen werden.

Hier ist die Räucherbox Deluxe und die Nach–
füllbox erhältlich.
www.raeucherbox.com

Original Schutzspray von A.Mi.K.A.

Das Original Schutzspray von A.Mi.K.A. ist ein energeti-
siertes Spray, welches schützende Energie beinhaltet. Es
ist dazu geeignet, sich gegen negative Energien und/oder
negative Attacken auf feinstofflicher Basis zur Wehr zu
setzten und die damit verbundenen Beschwerden zu
beheben sowie die damit einhergehende Energielosigkeit
auszugleichen.

Erhältlich in den Größen: 30, 50 und 100 ml

Original BeFoBoard von A.Mi.K.A.

Das System des BeFoBoards von A.Mi.K.A. ermöglicht es
Ihnen bzw. ist ein neuer Weg, um Aufgaben und Herausfor-
derungen, die sich Ihnen auf Ihrem Lebensweg zeigen, erfolgreich zu meistern und in Ihrem eigenen Energiefeld zu
verändern. Heute möchte ich das System des BeFoBoards
mit Ihnen teilen bzw. Ihnen näherbringen. Ich selbst und
viele meiner Kunden nutzen mittlerweile das BeFoBoard
regelmäßig und wir alle möchten es nicht mehr missen.
Mit dem Board und der dazugehörigen Anleitung ist jeder in
der Lage dieses einfache aber trotzdem wirkungsvolle System anzuwenden. Trotz oder gerade durch die Einfachheit
der Anwendung besticht dieses System. Sie werden begeistert sein! Sie können das BeFoBoard zudem auch als Beglei-
ter zu jeglichen Therapien nutzen, unabhängig um welche
Themen es sich handelt, da man für sich selbst oder auch für
andere, aufsteigende Themen umgehend wandeln kann.
Dadurch erreicht man stets das bestmögliche Ergebnis für
sich selbst oder andere.
Sie werden sich auf angenehme Art und Weise sehr schnell
aus lästigen und bedrückenden Situationen selbst herausho-
len können, um sich im Anschluss, nach der Arbeit mit dem
BeFoBoard, einfach wieder rundum wohl zu fühlen.
Jetzt gilt es nur noch sich die Zeit zu nehmen und geführt,
durch die ausführliche Anleitung, das BeFoBoard von
A.Mi.K.A. für sich zu nutzen und das Leben wieder zu genießen.

Das Buch
„Da stimmt doch was nicht!"

Die Autorin beantwortet, in dem hier vorgestellten Buch, die meistgestellten Fragen, die ihr in ihrer Praxis in Bezug auf negative Fremdbeeinflussungen gestellt werden. Dies sind Fragen wie:

- Der übergeordnete Kampf zwischen „Gut" und „Böse", was bedeutet das?
- Was sind negative Fremdbeeinflussungen?
- Wie bemerke ich sie?
- Welche Auswirkungen haben sie?
- Wie können sie gelöst werden?
- Wie schützt man sich davor?
- Und viele mehr···

Sobald der Satz „da stimmt doch was nicht" in ihrem Leben auftaucht, ist dies das Zeichen, dass höchstwahrscheinlich ihr „selbstbestimmter Lebensplan" beeinflusst wird. Jetzt ist es unumgänglich sich der negativen Fremdbeeinflussungen bewusst zu werden und ggf. zu entledigen. Nur wenn ihre eigenen Energien im freien Fluss sind, kann von jeglicher Weiterentwicklung bis hin zu Genesung von schweren Krankheiten alles eintreten. Nur dann können jegliche therapeutische Maßnahmen in vollem Umfang ihre Wirkung entfalten.

Sie bekommen hier den Schlüssel an die Hand, ihr Leben wieder in freien Fluss zu bekommen. Warten sie nicht! Kümmern sie sich sofort um sich selbst. Nur dann haben sie genügend Kraft sich um andere /anderes zu kümmern.

Kurz zusammengefasst, ist das Buch klar, leicht verständliche, kompetent und praktisch untermauert durch Beispiele aus der täglichen Praxis.
Eine Empfehlung für jeden Erdenbürger.

Da stimmt doch was nicht!

Alles Wissenswerte über negative Fremdbeeinflussungen

von
Andrea Michaela Kiel

ISBN 978-3-839161-89-0

Erhältlich direkt in meinem Shop über
www.raeucherbox.com oder
BOD.de, amazon.de, libri.de, buch.de,...
und im örtlichen Buchhandel bestellbar.

Kontakt– und Bestellmöglichkeiten

Andrea Michaela Kiel

Energietherapeutin

www.raeucherbox.com

www.befoboard.de

www.fremdbeeinflussungen.de